I0786048

Accenti di una realtà diversa

Accenti di una realtà diversa

Cynthia C.

PUNTO DI VISTA

La realtà, esiste già, o la costruiamo noi?

La realtà non esiste.

E' come cosa risaputa, il bicchiere lo
puoi vedere,

mezzo pieno o mezzo vuoto.

Eppure sempre di un bicchiere d' acqua
si tratta.

La realtà, la creiamo noi, quasi palese,
quasi scontato,

quasi neanche da dirlo.

Però noi viviamo immersi nella realtà, o
meglio, nelle mille forme che essa as-
sume

nella nostra mente,

e che facciamo esistere, grazie ad essa.

Esiste anche la realtà dei fatti, in-
confutabile, incorreggibile, ineccepibile,
insindacabile,

 eppure anche lì,

piccole sfumature contrarie,

sfuggono al controllo come piccoli fol-
letti dispettosi.

La realtà,

ce la siamo inventata noi.

MADRE

Madre, tu che fosti il pilastro della mia
giovinezza,

Tu, che per molto tempo, fosti il mio
ideale di vita,

Io che mi vestii dei tuoi vestiti,

io che indossai i tuoi monili

 per accontentarti,

nascondendo per molto tempo, la mia
vera identità, che neanche io conoscevo,

 Io assecondandoti, convinta da quell'
amore filiale.

 Improvvisamente, riscopro

la nostra diversità.

 E Tu che ora, senza speranze,

di un tuo tormento interiore,

vivi spingendo la vita a fatica.

Io unica superstite, non ti riconosco più.

Mi batto per non annegare anche io,

in questa pozza di follia.

Non ti ammiro più,

ho solo risentimento, per quella madre
che,

madre mia non è più.

Siamo lontane,

sempre più lontane,

in te

vedo solamente una donna anziana,

 che tenta,

con tutte le sue forze,

di continuare la sua esistenza, ormai fatta di apparente amore,

 avvolto, solo dall' egoismo,

e dalla insensibilità,

sul quale io stendo…

 il velo pietoso da tanti enunciato.

LA MALATTIA

Che cosa è la malattia

Cosa si cela dietro a questa complicata
parola

Cosa implica se si tratta di malattia mentale

Tanto più quando è inguaribile.

E' come avere un vestito di stracci addosso,

lo vorresti togliere,

indossarne uno nuovo,

diverso,

senza quella etichetta, che ti marchia
per sempre.

Lo vorresti, ma non puoi,

L' etichetta, è conficcata ormai nelle tue
carni irrimediabilmente,

e lui,

Il vestito, che tu e lei avete stracciato,

si logora sempre più, giorno dopo
giorno,

fino ad evidenziare,

quello che c'è sotto…,

che infondo è, quel vestito di stracci,

che a mala pena ricopre

la mia anima, sofferta, e

 perduta.

CON I MIEI OCCHI, SOLO CON I MIEI OCCHI

Vedo, scrivo, sento,

con i miei occhi dipingo quadri,

con essi descrivo,

con essi rendo reale, l' irreale,

come un film, li imprimo,

 e ciò che è, non lo è più,

gli attori cambiano aspetto istante dopo
istante.

Solo con i miei occhi li ho fermati

in una dimensione statica e surreale.

Poiché tutto cambia,

 poiché tutto si trasforma,

ho solo il tempo di un battito di ciglia,

poiché, io sono solo quella piccola
macchina fotografica,

 che ne ha rubato qualche scatto,

 sbiadito dal tempo.

LA SCIMMIA

Tu sei una scimmia.

Tu sei in particolare,

 quella che non vede, non sente, non parla.

Tu sei colui il quale,

non ha voluto guardare nei miei occhi
fino in fondo,

per capire che quello sguardo cattivo,

non era il mio,

Tu sei colui il quale, non ha voluto sentire il mio grido

Disperato che chiedeva aiuto, pur dicendo "Mi ammazzo."

Tu sei colui il quale,

non mi ha mai parlato, non mi ha mai
confortata nel dolore.

Tu.

Tu con il tuo cappellino da ragazzino

credi forse di esserlo,

saltellando, con il tuo sorriso fatto,
sforzato,

e forse lo sei veramente,

sei una scimmia.

Solo quando mi hai detto, che la vita va avanti,

che non era cambiato nulla, di smetterla di disperarmi,

senza appoggiare le tue mani, sulle mie spalle curve,

aiutandomi a raddrizzare la mia vita,

senza permettermi di entrare tra le tue braccia,

e affondare il mio viso nel tuo petto,

rigandolo con quelle mie lacrime cocenti,

allora ho capito veramente,

quella scimmia, è la tua sola apparenza, Tu,

Tu sei fatto di niente.

E per la legge di compensazione, se un giorno,

sarai tu a partire per primo, per l'ultimo viaggio,

io mi comporterò come mi hai detto tu,

non mi cambierà niente, non mi dispererò,

andrò avanti come se niente fosse

perché,

perché,

Tu sei fatto di niente.

LE MIE UNGHIE

Le mie unghie, le ho lasciate crescere,

con la limetta, le ho rese appuntite,

le ho colorate di nero,

contrastano con il mio abbigliamento
colorato estivo.,

Quello che metto sopra, confonde,

da quelle unghie, invece, emerge il som-
merso,

sotto,

 c'è sempre il nero,

che,

 affiora solo in quelle unghie nere, perché gli altri non lo dimentichino mai.

Mi piace muovere le dita,

mi piace vederle così,

 nere, così affilate, a tagliare l'aria

in una notte estiva ballando scatenata a
suon di musica.

Mi piace sapere che è lei, che accentua
la mia diversità,

è lei che anche se nascosta velatamente,

mi fa capire che in me c'è anche lei che
mi aiuta a difendermi.

Lei può essere tutto, ma mai niente,

ora è la mia difesa.

Preferisco far paura, che averne.

Preferisco creare sconcerto, che navigare nel nulla.

Lo faccio apposta,

no,

sono fatta così.

IL SILENZIO

Voglio solo sentire il silenzio,

voglio distendermi fra le sue braccia,

stanca.

Permettere così alle alte onde, di trasfor-
marsi, di ridimensionarsi,

 in piccoli riccioli di mare che lambis-
cono la spiaggia.

Voglio solo cullarmi nella sua calma,

 farla mia,

e respirare

 la lieve brezza che sa di salsedine,

sapendo che per il momento, il peggio è
passato.

LA TELEFONATA

Ieri ti ho telefonato,

sapevo che non eri la persona adatta,

lo sapevo, eppure l ho fatto lo stesso,

volevo averne la conferma,

stavo male, dovevo dirlo a qualcuno.

Appena tu hai sentito la parola stare
male,

 ho sentito il tuo respiro farsi affannoso,

ho avvertito tutto il tuo disagio,

ho respirato la tua angoscia,

ho sentito su di me le tue membra ir-
rigidirsi,

ho visto con gli occhi della mente,

 il panico irrompere dentro di te.

Allora,

 mi sono inventata che era solo un mal di
testa,

ti ho tolta da quella situazione troppe
volte vissuta,

 e che,

tu non vuoi più rivivere.

Tu vuoi sentirmi allegra, felice,

 allora   mi accetti,

hai talmente tanta paura, tu così sensi-
bile, tu così categorica,

tu che non accetti.

Io,

 allora, chiudo la telefonata scherzando
con te,

 ti sento rilassata,

ma il mio sorriso, lascia il posto al ma-
lessere,

lo affronto debolmente,

lui pian piano si dilegua.

Perché far male a chi non ti può essere
di aiuto,

anche, e ancor di più,

 se è tua figlia,

 ho tentato l'impossibile,

 ora lo so per certo.

L'ODIO

Vorrei odiarti ma non posso,

vorrei odiarti perché mi hai fatto vedere
la carne viva di mio padre,

vorrei odiarti, perché mi hai obbligata ad
avere una forza, oltre la mia forza,

vorrei odiarti perché, sempre più silenzi,
ci dividono,

 e quando parliamo, un abisso ci separa,

 allora,

 io sto zitta e passo oltre,

perché sarebbe uno scontro frontale,

ed io non potrei più dire,

vorrei odiarti, ma non posso.

E ti dirò di più,

mi spiace dirlo, non sei stata tu

 ad

insegnarmi, a guardare la carne,

non sei stata tu a farmi aumentare la mia
forza,

anche se penoso,

 dirlo,

è stata l'ennesima medicina che ho aggiunto alle altre.

PERCHÉ

Perché in tutte queste mie poesie, c'è
sempre lei,

perché, emerge sempre quella parte scura,

Perché, non sono capace di scrivere, di
giovani fanciulle che con le guance ar-
rossate,

ridono, e scherzano fra loro,

Perché non so scrivere, di tramonti, di
albe, di colori, via, via più accesi,

eppure io sono fatta di luci ed ombre,

 e allora,

dove sono finite le luci.

Forse che intorno a me, vedo solo i colori della morte

che molto presto si presenterà,

a reclamare,

 un corpo via via sempre più devastato
dall' età,

e che finalmente, aspettata con ansia,

sia da lui che da me,

con la sua ala a cui nessuno può sfug-
gire,

porrà fine ai suoi,

e ai miei tormenti.

19

TU

Tu, che la prima cosa che facesti appena nata,

fu di sorridermi.

Tu, reduce ormai di vecchia data, da una guerra che non era la tua.

Tu, pittrice di soggetti fantasy,

neri, come tutti i teschi sparsi per la tua casa,

tu che fai emergere la tua anima Dark,

quando mi parli, dipingi nella mia mente scura, colori accesi,

mai eccessivi,

arancioni, verdi, azzurri, gialli,

mi vedo sorridere, e ridere, condividendo con te

quello stato d' animo.

Tu alla dura vita, non hai permesso

di togliere il tuo sorriso interiore,

La tua essenza che ti porta ad aiutare gli altri,

Quel particolare atteggiamento di apertura mentale,

anche no,

cazzo mene,

e insieme ridiamo.

21

L' ANELLO

Mi hai regalato un anello,

sei entrata, e inaspettatamente, per me,

io che non ho potuto aiutarti,

Tu orfana di madre,

ricevo da te, un dono, un pensiero, un
valore.

E' un anello particolare, scelto da te

che hai capito che avevo bisogno di pro-
tezione,

e tu la tua, me l' hai data con quell'anello.

Come è difficile scindere,

 il tuo volto,

da quello che è stato,

ci provo…

 perdonami…

 ma è ancora troppo difficile.

PADRE

Padre,

tu inchiodato in un letto, per tuo stesso
volere,

tu che nulla puoi contro,

tu rassegnato,

tu arrabbiato col destino,

oggi,

con voce disperata

mi hai chiamata tante volte

 mentre stavo per andare via,

mi sono voltata,

 e sussurrandoti, con le lacrime agli occhi,

con voce sempre più flebile, ti ho detto
anche io tante volte…

Papà… Papà… Papà… poi torno… stai
tranquillo…

allora tu hai ricacciato indietro le tue
lacrime,

ti sei ricomposto…

Hai lasciato nuovamente che l' angoscia,
che provavi,

lasciasse il posto alla rassegnazione.

Io debole figlia, sono andata in cucina,

sono scappata,

non volevo farmi vedere piangere,

e lì,

ho pianto, dello stesso pianto,

e dello stesso dolore,

lasciandoti solo.

LA VITA

Come è tragica la vita,

come è crudele, incomprensibile, senza
via d' uscita.

Certo è,

che a quindici, venti anni,

ci appare bellissima,

 incoscienti,

 che un giorno,

 l' impossibile, diventerà realtà.

E forti di queste convinzioni, mettiamo
al mondo altre tragedie.

E ancora una volta.

 Quando terrai fra le braccia, quella ten-
era parte di te,

avrai sconfitto per un momento d'eter-
nità,

la tragedia,

 l'avrai vinta tu, sentirai che nulla è per-
duto,

 che niente è stato vano...

 ma si tratta di un soffio,

un soffio di vita nell'infinito,

perché lei,

  nascosta,

attende solo il momento

  per lei propenso

  per apparire.

E volendo ribattere al tragico destino,
ostinata,

tu,

  che hai piantato nel giardino dell'in-
fanzia,

  quella piccola piantina,

la curi,

  la vedi crescere,

  togli tutte le erbacce che la vogliono
soffocare,

la vedi forte, finalmente, contro l' amaro
volgere.

  E tu,

  stanca,

  fino all' ultimo respiro,

vivrai nonostante tutto

  la vita,

  e lascerai che lei,

e non la morte,
 con un' ultima carezza,
chiuda gli occhi tuoi per sempre.

LA FRETTA

Ho fretta, ho fretta di vedere le tue piaghe guarire.

Ma con mano ferma, e chirurgica, le
medico,

scopro la tua ferita, la bagno lentamente,

le do la crema miracolosa che la farà
guarire in fretta,

le bende, le garze,

il cerotto apposito.

Tu gridi dal male,

io convinta,

non sento più niente,

proseguo il mio apparente lavoro.

Quale lavoro più ingrato,

è,

quello di aiutare a morire,

senza sofferenze

tuo padre.

SENZA TITOLO

Io sono un'estremista.

Io sono il bianco o il nero,

buffo,

fino a poco tempo fa,

non lo sapevo.

Io Amo i dipinti in bianco e nero,

il colore nasconde le vere identità,

contrapposto alla tela bianca, il nero evi-
denzia, i tratti,

rimarcando l' espressione vera del
soggetto.

Non c'è colore che renda merito

  alla visione interiore, di un soggetto,

  se non quella che emerge

  da un tratto di un carboncino nero.

SCRIVERE

Scrivere, scrivere, scrivere, scrivere,
scrivere…

Ecco la mia sola salvezza,

ecco chi mi permette di continuare a vivere, di esprimere

 la mia angoscia,

che silenziosamente, accetta tutte le mie
critiche, la mia cattiveria,

la mia diversità, le mie vedute distorte, i
miei voli pindarici,

non smetterei mai…

Impossibile farlo,

 le parole,

 si accavallerebbero una sull' altra.

LA MEDICINA

Ormai lo so, ormai è accertato,

senza di te, sono un' altalena sganghera-
ta,

  che si spinge da sola,

l' ho provato su di me, e so, che,

  non posso fare a meno di te.

Però, è accaduto un fatto curioso, a
questo punto,

si è formata una tregua fra me e lei,

non sento più il serpente strisciare, pron-
to a venir fuori,

io non la comando, è lei che si presenta

  quando sente che c'è del terreno fertile,

per descrivere, quello che altrimenti,

  io da sola ,

  non sarei capace di fare.

Allora, le lascio il posto,

lasciando che sia lei a guidare le mie
mani.

Forse, e dico forse,

il serpente sta dormendo,

liberando nella mia mente,

 i suoi sogni,

 che diventano parole, che diventano
scrittura,

che diventano poesia.

IL SORRISO

Io mi avvolgo nella mia malinconia.

Poi, improvvisi schizzi di colore, come
fuochi d' artificio,

illuminano per un istante, lungo una
vita,

la mia strada.

Io mi volto a quei bagliori, e,

per la prima volta sorrido come una
bambina,

solo il sorriso di una bambina, ingenuo,

privo di malizia, privo di paura, estasia-
to, puro,

innocente.

La malinconia, lascia il posto all' alba,

sorge un nuovo giorno,

sorge un nuovo sentimento che,

 io custodisco nascosto gelosamente,

affinché la notte,

non me lo porti via per sempre.

CHI SONO IO

Chi sono io,

che mi permetto di giudicare gli altri con le mie parole,

chi sono io,

che impiastrata di ricordi e sensazioni,

le sbatto in prima pagina.

Io dico solo quello che penso,

giusto o sbagliato che sia, agli occhi degli altri.

Io vivo del tatto della macchina da scrivere, e non mi importa se è un computer,

tanto è la stessa cosa,

io respiro l ' aria che circonda le sensazioni,

e la traduco,

io esisto,

e quindi,

ho finalmente il potere, che non ho mai avuto,

di dire quello che sento.

Basta soffocare, per non far soffrire gli altri,

mentre io mi imbavagliavo da sola,

sempre più stretta,

ammutolita davanti al loro pensiero, e al loro dominio.

Lo so,

forse loro non sapranno mai quello che scrivo su di loro,

solo perché sono convinta,

non capirebbero,

ma intanto lo scrivo, ed è già verbo..

Solo in nessuna delle mie poesie,

c'è scritta la parola amore,

sono diventata sterile,

quel sentimento,

che lo renderebbe più accettabile agli occhi degli altri,

si trova nascosto,

solo,

fra le virgole, e i punti.

Io lo avverto, ma non sono più capace di scriverlo,

e quindi di viverlo.

Nelle estremità della mia mente, solo la mia cruda realtà,

resiste, io ci sono immersa dentro,

e la mia introspezione, l'ho già fatta,
degli altri,

vedo solo il bianco e il nero della loro
vita,

come della mia,

l' amore, è colore, e qui,

non trova spazio, in nessuna parola,

solo alcune volte,

riesce nella mia distrazione,

a ricavarsi piccoli spazi di luce.

LA RABBIA

Scatenata, rabbiosa,

 la rabbia nasconde dentro di se il disagio,

 in cui gli altri ti mettono.

La debolezza che ti contraddistingue,

 e che,

 tu nata cieca, non la sai contrastare.

Il dolore, che ti provocano,

l'abbandono,

il non capire quanto tu sia fragile.

La rabbia, è quel nodo che ti stringe lo stomaco,

sono gli occhi tuoi che diventano fessure,

è la gola tua che duole,

è il sentimento tuo che grida silenziosamente,

 a gran voce,

vendetta,

 solamente, ostinatamente,

 vendetta.

IL SERPENTE

Non so perché ho paragonato la mia
malattia ad un serpente,

so benissimo la parte scientifica,

 ma è sterile, asettica, impersonale, quasi
incomprensibile.

Chi dice che siamo ombra e luce, che
siamo bianco e nero,

io stessa, l'ho detto,

tutte definizioni astratte, ma giuste,

però, quello che mi viene alla mente, è
ora, un serpente.

Forse perché ogni volta che si è presen-
tato nella mia mente,

 strisciando silenziosamente, all' improvviso,

 l'ho guardato dritto negli occhi ipnotiz-
zata,

e non potendo più distogliere lo sguardo
da lui,

 preda della sua volontà,

 con gli occhi sgranati,

 l' ho seguito prima giù, verso

l' ineluttabile destino,

 e poi su, verso la follia.

E ora che un sonnifero potente,

 che crea fra noi questa

 assurda alleanza,

mai provata prima,

mi trovo a chiedermi...

 chi è lui...

 lui,

che può trasformare, la sua bocca, che si
spalanca

spaventosamente, inghiottendo la mia
vita,

in un'infinità di sensazioni,

 che saziano la mia.

I BIPOLARI

I Bipolari,

 camaleonti mimetizzati,

 che si confondono fra la gente.

Accenti salienti, di un universo
sconosciuto.

Geni folli, e imprevedibili destini.

Pittori, scrittori, scultori, poeti maledetti,

il loro inferno interiore lo hanno esterna-
to

 in mirabolanti opere d' arte.

Anche i più semplici fra loro, creano,

 e distruggono ogni giorno, la loro vita.

Che dire, io appartengo a questa razza,

esserne orgogliosa, o esserne disperata

certo che la vita che viviamo noi,

nella sua assurda realtà,

riempie le pagine della nostra vita,

con continue forze contrapposte,

siamo violenti, intolleranti, pazzi, che
non lasciamo nulla al caso,

e che finalmente anche io , non lascio
nulla al caso,

siamo tragicamente tristi, apatici, de-
pressi.

Quale destino ha voluto che nascessimo
così,

chi ci ha raggruppato in questo senso
senza senso,

chi nel nostro cervello, ha messo fuori
uso,

 quella parte che

equilibra il nostro umore,

chi si è preso gioco di noi...

IL DITO, POESIA DI UNA STORIA
ANTICA

Avevo un dito,

era uguale a tutti gli altri,

poi,

 un giorno,

una forza assurda e pesante,

come un macigno,

 lo ha schiacciato,

 per non svenire dal male,

mi sono buttata sotto una pioggia d' acqua,

e quando l'ho guardato,

 ho visto la carne uscirne da una lacer-
azione,

 come se l' avessero spremuta fuori.

Andai all' ospedale,

mi fecero ancora più male.

Dopo due giorni, non lo sentivo più,

era andato in necrosi.

Andai in un centro specializzato, e lì,

fecero una strana operazione per salvare, quello che si poteva.

Presero un pezzo dal dito vicino, e lo at-
taccarono su quello offeso.

35 Punti mi diedero in poco più di 2 cen-
timetri.

Il dottore mi disse:

"Vedrai, che gli darai lo smalto un
giorno. "

Passarono molti anni in cui io nasconde-
vo

 quel moncherino di falange,

e devo ringraziare quel medico, che me
lo salvò.

Mi vergognavo a mostrarlo,

era brutto con quell' unghia nata in seguito,

 completamente storta.

Poi ho incominciato a dargli lo smalto.

 Perché nasconderlo,

lui è il testimone perenne di quella sci-
agura,

 e di tutto il terribile male che dovetti af-
frontare

in quel periodo,

ed ora poco mi importa, se avendolo colorato,

si nota di più,

lui è come gli altri, anche se diverso.

LA STRADA

Io quando guido non guardo lontano,

il mio sguardo viene attirato da ogni
crepa, ogni tombino,

 da ogni imperfezione della strada,

ogni sobbalzo,

le noto tutte, piccole, grandi, slabrate,

 sono le imperfezioni della vita,

sono le bestemmie della gente.

GLI OGGETTI

Gli oggetti, vivono di una vita propria,

sono come noi,

se tenuti bene, durano,

se accartocciati,

 buttati via.

L' APPARENZA

Ti muovi veloce, attenta, quasi maniaca.

Il tuo aiuto, si è dimostrato indispensabile,

conosci dottori, terapie, tutto quello che
è adatto

alla situazione in cui ci troviamo.

Dentro di me, ho pensato, che finalmente,

avevamo la persona giusta, e ho tirato,
finalmente,

..dopo tanto un sospiro di sollievo.

Poi ieri sfogliando Facebook, cosa che
faccio per rilassarmi,

cercando post, di gatti, di musiche, di
frasi simpatiche,

ne trovo uno, che immediatamente riconosco,

è tuo.

Parla di un tuo paziente, nei dettagli
delle tue medicazioni,

e del dispiacere di quello che lui ti ha
detto:

Mio padre.

Con tutti i commenti del caso.

Io,

colta di sorpresa,

mi rivolto immediatamente contro di te,

dov'è la tua famosa sensibilità?

Sapevi che lo avrei letto.

Pensavi forse che lo avrei condiviso?

Mi sono rivolta a Facebook, e ho detto
che era una spam,

loro mi hanno dato diverse opzioni,

ho scelto,

 quella meno definitiva,

 scriverti in privato per farti eliminare
quel post.

Così ho fatto,

 non volevo sputtanarti davanti a tutti.

Questa mattina mi hai risposto con mille
scuse,

 e mille arrangiamenti,

di un fatto ormai compiuto,

io le ho accettate,

 io che avevo fiducia in te,

ora come spesso accade, mi devo ri-
credere.

Come hai fatto a non capire che non si
può mettere in piazza

Il dolore altrui, la sofferenza, mettendoci
sopra la tua.

Mio padre è vivo, io sono viva,

 questi sono sentimenti, intimi,

che avresti dovuto tenere per te,

tu hai cercato conforto, nei tuoi amici,

tu hai usato uno stato d' animo, una situazione, che non ti appartengono,

per farne un luogo di discussione.

 Ti ho detto "non farlo mai più",

 ma la mia rabbia cresce anziché
diminuire.

Questa è un'altra crepa,

 nella strada della mia vita.

Sto male, e quando io sto male,

la parte peggiore di me,

anche se soffocata dalle medicine, esce
fuori,

allontano per difesa chi mi ha fatto soffrire in maniera terribile,

senza accorgersene.

Tu che hai amici bipolari, che con-
ducono una vita normale, felice,

cosa ne sai di me, che invece, ne ho fatto
di tutti i colori,

cosa ne sai della mia pelle,

 della mia carne,

 delle mie ossa,

ogni centimetro di loro, è ultrasensibile,

 ferito in ogni sua parte,

 da troppe sofferenze,

 e se prima piangevo,

 ora attacco con furia cieca,

al dolore che mi provocano,

 rispondo facendo loro lo stesso dolore.

Lo so,

 pian piano mi calmerò, ma non dimen-
ticherò, l'offesa.

 Il dolore,

e la rabbia,

si depositeranno su quello sottostante, al-
largando sempre più,

 le piaghe, già aperte di dolore puro,

 che mi fanno scattare

 e,

 anche se non avrei voluto,

il serpente, ha spalancato la sua bocca e

ha mostrato i suoi denti,

io mi tiro indietro,

e lui fulmineo,

si protende in avanti.

UNA DONNA

Ho conosciuto una donna,

 un anno fa,

una donna particolare,

capelli biondi, e occhi ridenti.

Ho conosciuto la sua intensa umanità,

la sua scuola di pensiero,

 mettere al primo posto le persone che si
siedono davanti a lei.

Il suo non passare direttamente alle con-
clusioni,

il non mettere dietro le sbarre, invisibili,
di un reparto psichiatrico,

le persone,

a prescindere dalla reale e necessario
bisogno di farlo.

Continue telefonate,

la cercano,

 e lei,

 per forza di cosa risponde,

 ma quando si volta verso di me,

ci sono solo io.

Con il tempo,

ho saputo da lei, una parte del suo vissu-
to,

 che comprendeva,

una sua componente famigliare, vicina
alla mia differenza.

Quando ne parla,

lei ride,

 ed io che capisco perfettamente di cosa
si tratta,

 pur essendo a volte tragica,

 la faccenda,

 rido con lei.

Lei non guarda ai miei errori,

giudicandoli,

 ma facendomeli capire con abile disin-
voltura.

 Al contrario,

valorizza i miei miglioramenti.

Precisa nella sua diagnosi,

 dosa, e calibra, i miei aiuti,

si accerta,

che tutto fili liscio,

è una decisione molto pericolosa,

che lei deve scegliere oculatamente.

Parliamo molto, ridiamo molto.

Io non sono certo la prima Bipolare che
incontra,

 e sa perfettamente come agire con noi,

con chi si può permettersi di scherzare,

che,

 è anche infondo,

 un suo modo per mettermi a mio agio,

e quindi permettermi di parlare,

 di me,

Con lei mi sento veramente,

 a mio agio,

 come con nessun altro.

Oggi le ho detto…

"Vorrei averla conosciuta prima"

E lei con una semplice, e umile risposta,

mi ha detto "Grazie".

Una persona grande,

una veramente, grande, donna,

 questo atteggiamento innato,

ha,

da sempre,

lei ci è nata.

Lei è la mia Psichiatra.

55

LA DOTTORESSA

Ieri ti sei improvvisata Dottoressa,

inaspettatamente, hai risposto al telefono,

Inaspettatamente, hai sentito una voce a te sconosciuta.

Ho detto io che tu saresti stata, la persona adatta a riceverla,

per la tua forza.

Ti sei sentita dire che bisognava lasciare tua madre,

tranquilla.

Cambio di medicinale, massima attenzione.

Allora tu,

 punta nell' orgoglio,

hai sputato veleno.

Chi meglio di te e di tua sorella, conoscete vostra madre?

Chi è che da 10 anni capisce tutto di me?

Lei mi conosce da un anno,

lei che avrà visto migliaia di Bipolari

Non di certo lei… non di certo la psichiatra…

Ma io mi domando,

chi regola il mio umore, dopo tanti anni di studio,

chi conosce quale mezzo adoperare competentemente,

per far si che io non mi vada a perdere nell' impossibile.

Le parole,

devono aiutare questo processo,

e non comprometterlo.

E' vero che vi ho messo al primo posto,

 come guardiane della mia mente,

cosa giusta,

anche per darvi un valore aggiunto,

ma tu,

senza rendertene conto,

testardamente,

convinta di farmi capire per forza,

 il tuo punto di vista,

sei andata a sbattere contro il mio,

 contro la mia convinzione

di avere agito correttamente.

"Hai esagerato", mi hai detto,

ognuno può scrivere ciò che vuole.

No, se si tratta di parole che feriscono la
mia sensibilità,

No.

Purtroppo, con le persone della mia razza,

oltre a calibrare le medicine,

bisogna calibrare le parole.

Più tu insistevi da una parte,

più io insistevo dall' altra, senza una
fine,

anzi, la parola fine, l'ho messa io mol-
lando la presa.

So già che per un bel po' di tempo,

non vi farete più vive.

Tu coinvolgi a tuo favore tua sorella.

Ed io ormai abituata alla solitudine,

 ormai,

che,

 come unica compagna,

 ho la mia tastiera,

reprimo quel gesto amorevole di madre,

che mi porterebbe a chiamarvi subito,

perché,

 voi offese,

 non lo capireste.

Invece, oggi,

inaspettatamente per me,

ho ricevuto la tua telefonata,

con voce tranquilla,

ho risposto,

tu con voce titubante, mi hai chiesto
come stavo,

allora io,

 con calma,

 ti ho rispiegato tutto,

e tu,

questa volta hai ascoltato, senza pren-
dere posizione,

hai capito, forse che no, il concetto,

non farmi capire le cose ostinandoti a
farlo.

Solo prima di chiudere la telefonata,

mi hai detto "Ma verrai ancora da noi se
starai male?"

Certo che lo farò,

non vi ho scavalcate, non abbiate paura,

tanta paura, di perdermi ancora,

non dovete più vivere nell' apprensione

anche se so che non è facile,

sono vostra madre, diversa molto, ma
molto,

 da tanti anni fa,

ma soprattutto,

 da un anno a questa parte.

LA POESIA

La poesia, è fatta di emozioni,
 brevi ma intense.

Distillati puri, di memorie passate.

In poche righe, si può scrivere un libro.

Le frasi che man mano si formano,

delineano i contorni, di una azione,

che aggiunte alle altre,

compongono gli stati d' animo,

che le contraddistinguono.

Ogni rigo, ogni virgola, ogni punto,

danno un senso, a questo formarsi nel
tempo.

 Per me è stata una nuova scoperta,

respiro il sottile distacco di un filo d'er-
ba,

che si frappone fra me e loro.

LE PAROLE

Parole.

Sono nettare, che nutrono la mia mente.

Significati simili, ma equidistanti.

Suoni,

 che svelano pensieri.

Accordi di una linea sottile, che divide, e
confonde

L' inimmaginabile, con l' immaginario.

Quanto vi amo,

quanto mi immedesimo in voi,

che siete lo specchio della mia identità.

Quanto siete delicate,

con quanta cura bisogna scegliervi.

Con quanta sensibilità, bisogna ac-
costarvi,

le une con le altre.

Quanti significati potete svelarci,

solamente

spostando una virgola.

Ecco,

su di voi vorrei scrivere un libro,

sulla vostra importanza,

sull' effetto che provocate sulle persone,

ognuna diversa,

ognuna con una diversa sensibilità,

voi che correte veloci in bocca di chi non
vi conosce a fondo,

voi misurate,

con chi vi apprezza.

Quanto vi amo,

e qui lo ripeto,

quasi fosse un suono nuovo,

vi amo.

Amo la comunicazione,

amo il vostro suono, amo tutto di voi,

Io che non amo più,

il tangibile,

amo,

sicura di me stessa,

l'astratto immenso mondo di quelle let-
tere,

che mischiate fra loro,

si trasformano in parole scritte… suoni
emessi... Emozioni Condivise.

IL LIBRO

Lo avete voluto leggere, avete insistito,

Io non volevo.

Sapevo già l'effetto che avrebbe suscita-
to in ognuna di voi,

sapevo esattamente quale sarebbe stata la
reazione differente di ognuna.

Preso alla leggera,

ignare di quello che avrei di brutto potuto
scriverci,

nonostante i miei avvertimenti,

Voi,

prolungamenti della mia vita,

 avete insistito,

e,

lo choc, c'è stato.

In quel libro,

 io ho riversato anni e anni di solitudine,

 di disordine,

tutto il male, e il dolore che erano rimasti
incollati al mio respiro.

Ed il libro,

era l'unico mezzo per disfarmene,

anche a prezzo di risultare disgustoso.

Mentre prima,

 lo vivevo per me,

ora è solo un libro che neanche leggo
più,

anche perché lo so a memoria.

Lo passo di mano,

lo passo,

a chi potrebbe trarne benefici,

a chi si potrebbe rispecchiare nel mio
scritto,

 per non sentirsi più solo,

più isolato.

 Siamo,

 nonostante questa nostra sensazione,

siamo in tanti,

e se così fosse,

sarebbe la vittoria mia più grande sul serpente,

quel serpente,

 che dimora nella mia mente.

PARLANDO CON DIO

Dio,

creatore di tutte le cose visibili, ed invisibili,

creatore di alberi, uccelli, animali,

creatore di meravigliosi tramonti, di notti stellate,

di albe nascenti, nel breve tempo,

dei tuoi sette giorni, uomo, donna…,

bella favola per bambini.

Tu,

creatore di bimbi pelati, attaccati a respiratori,

consapevoli della loro prossima morte.

Tu,

che lasci il libero arbitrio,

fino al punto di permettere guerre infinite,

sterminio dell'umanità.

Tu seduto sul tuo scranno,

dall' alto,

hai la pretesa di sapere di noi,

tutto,

pensi forse di manovrarci come buratti-
ni?

O forse scommetti con il tuo rivale,

su come andranno a finire le cose.

Tu che ti sei voltato dall' altra parte,

durante L' Inquisizione di Spagna,

una per tutte…

Trovo una enorme incongruenza in tutto
ciò.

Hai creato meraviglie a quanto dicono,

e ci hai messo dentro noi,

condannati in mille maniere,

sofferenti, senza avere colpe.

Cosa me ne faccio di un Dio così.

Oh, Si… il peccato originale…

pagato ogni giorno da colpevoli innocenti.

Risposte assurde dai tuoi confessionali.

Pedofili vestiti con tonache nere.

Cardinali,

porporati,

obesi e ingioiellati che predicano il
Vangelo.

Anche loro,

 ne sono convinta

 non credono in te,

altrimenti,

 timorosi dell'inesistente inferno,

non violenterebbero con l'inganno,

giovani corpi, e giovani menti,

distruggendole.

Non mangerebbero a sbaffo,

 seduti su macilenti, invisibili esseri
umani.

Preferisco vivere nella coscienza del
reale,

qualsiasi essa sia,

Preferisco confidare nell' Uomo Libero,

nella sua unica unicità,

che pregare Te.

Preferisco pensare che è la natura,

 che per motivi a noi incomprensibili,

crea e distrugge,

per avviare costantemente il rinnovamento,

 la continuità,

la continua rinascita,

e non di certo Tu,

 che sei l'invenzione misericordiosa, e crudele,

arbitro inflessibile,

di un tuo tortuoso piano, a cui nessuno sa dare risposta.

Le preghiere,

 sono solo il conforto che vogliamo dare a noi stessi,

alla paura dell'ignoto che ci aspetta.

Il rivolgerci a qualcuno Superiore,

che risolva i nostri problemi,

 quando,

irrisolvibili.

Quando siamo allo stremo,

che ci faccia la Grazia.

Ma da lui,

 illusi dal dolore,

 vi dico,

 non arriverà mai risposta,

e se per caso,

la Grazia dovesse arrivare,

sappiate che è stato solo il caso che ne ha scelto,

e,

pescato,

 come in un mazzo di carte,

la sorte.

Non vorrete mica venirmi a dire che fra
milioni di lacrime,

lui ha scelto proprio voi.

E tutti gli altri?

Proprio la Chiesa ci va cauta prima di
confermarla…

Come mai? Di cosa hanno paura, che
tutti gridiamo al miracolo,

o sono solo consapevoli che non
esiste…

La religione fiorisce dove c'è più igno-
ranza.

E dopo questa riflessione,

io racconto di un nuovo Dio,

una nuova favola su Dio,

 esiste un Dio,

un Dio diverso,

 ma inesorabilmente uguale,

Un Dio, che ha acceso una scintilla,

tanto tempo fa,

ha fatto luce, dove luce non c'era,

lui abitava nel buio, ed era stanco di stare da solo,

in quel buio.

Allora, accese una scintilla, e

da lì,

si formarono, le varie e innumerevoli costellazioni,

 galassie,

sistemi solari,

 pianeti,

milioni, di, milioni,

 fino alla vita, sulla terra, e chissà in quali altri pianeti,

 primordiale,

evoluta, nella razza umana.

E Lui per continuare a veder rinascere nuove vite,

perché a lui piaceva, ciò che aveva creato,

solo con quella scintilla,

 lascio in mano al destino,

 l'evolversi della situazione,

creando il caos,

perché tutto è rinnovamento,

 tutto è cambiamento,

 Per questo inventò anche la morte, per
pareggiare,

le due estreme distanze,

per creare quell' equilibrio che governa
le leggi dell'universo

ma in modo che colpisse a casaccio,

facendo crescere in noi una maggiore
forza, e rabbia,

 per contrastarla.

Muoiono gli alberi,

 gli animali,

 gli uomini,

ma la vita resta, e resterà sempre,

perché quella scintilla, oltre ad averla
accesa,

per creare l'universo,

l'ha accesa negli occhi di tutti, animali
compresi,

e noi,

nel nostro evolverci,

 non smetteremo mai di porvi rimedio,

non lasceremo mai,

ad ogni costo che una superi l'altra,

Studiando, salvando, creando, partorendo, remando sempre,

 e sempre contro.

La scintilla della vita.

Inutile chiedersi,

chi siamo, dove andiamo,

noi siamo infiniti piccoli mondi,

nell'infinità dell'universo.

Ma,

 siamo anche ahimè….

 la razza peggiore di questa terra,

lo sappiamo, nel male.

E non basta una confessione, Dio,

per assolvere crudeli delitti, abomini, stupri, distruzioni di massa,

crudeltà mentali, crudeltà su animali innocenti, su bambini innocenti,

chi sono quei mostri, che vuoi assolvere… chi usa la tua scusante

 chiamata pentimento, per sciacquare l'anima,

dopo averne uccise con crudele efferatezza migliaia.

Chi lo ha fatto, era pienamente co-
sciente,

te lo assicuro.

E' la cosa più insensata che ho mai sentito.

Tu vuoi dirmi che accetti tutti? Che per-
doni?

E il male che hanno fatto? Nel tempo?
Chi lo ripaga…

 Forse il tuo inesistente Paradiso?

Tutto questo è assurdo.

 Sai,

 quasi nessuno ci crede più,

e poi non lamentarti, se invece delle
preghiere,

 ti arrivano le bestemmie.

Vi sono atei, estremamente migliori di
chi è religioso,

 e sono quasi sempre personaggi

Importanti, Dottori, Infermieri, Volon-
tari, Scienziati, Scrittori, Astrofisici,
Filosofi, Luminari,

 persone che si dedicano agli altri, senza
farlo in nome di Dio,

solo per amore degli altri, solo per la
vita.

La vita,

 stanne certo,

 va avanti anche senza il tuo apparente
aiuto.

Dio, forse hai dimenticato qualcosa….
hai fallito,

 non ti era bastato creare solo la morte?

Hai messo il caos anche qui sulla terra,

osservando il nostro declino,

senza battere ciglio.

E noi qui condannati in questa Valle di
lacrime,

ci opponiamo anche a questa affer-
mazione,

in quale modo…

Con la Conoscenza, con la curiosità, che
ci contraddistingue,

senza aspettare il tuo Giudizio Univer-
sale,

 che non verrà mai,

in cui ognuno dovrà, essere giudicato.

Con quella curiosità, che ci permette di
sfatare tutti i tuoi miti,

quella curiosità, che ci svela il nostro
corpo,

fino nei minimi particolari,

facendoci rendere conto che siamo fatti
della stessa materia dell'universo,

facendoci salvare vite, a qualsiasi costo,

di qualsiasi genere esse siano.

Quella giustizia umana, che sta aumen-
tando sempre più,

e che da un po' di sollievo,

a chi si è visto portare via dagli occhi,

un proprio caro.

Quella Conoscenza, quella intelligenza,

che nel tempo,

ci renderà liberi dai tuoi pregiudizi,

e tu,

come sempre è successo,

scomparirai del tutto,

come tutti gli Dei del passato,

rimarrà solo la scintilla,

nascosta nell' immensità dell' universo,

che brillerà,

di luce propria,

Finalmente…

come è sempre stato,

da sempre, e sempre sarà.

La scintilla della vita,

unica dispensatrice di particelle infinite.

OCCHI

Occhi, specchio dell'anima.

Buchi profondi in cui non ti ci puoi
specchiare,

occhiaie scurite da notti insonni,

colori diversi, a volte, per un gioco di
natura,

uno diverso dall' altro,

Occhi che bucano come spilli,

Occhi,

 che nascondono la vera identità.

Occhi che sorridono

Occhi che leggono

Occhi che raccontano

Occhi che sfiorano, occhi che mangiano,

 una sola parola,

 diventata, un piccolo elenco di sensazioni,

 quello,

che può volutamente da me far signifi-
care.

Vasto mondo,

nel quale mi affaccio,

con la mente

e faccio mio,

contenitore infinito di vocaboli,

Dizionario, indispensabile,

preso in prestito dall' albero del Sapere.

LA BAMBOLA

Tu,

 bambina,

che stringevi al tuo petto,

quella tua bambola dalle gambe molli.

Stringendola,

lo facevi con affetto.

 Eri in piedi, e la guardavi teneramente.

Poi,

all' improvviso,

io la lanciavo lontano da me,

per terra,

con rabbia e disprezzo,

 tu la guardavi…

poi mossa da compassione,

 io la raccoglievo da terra,

e ancora una volta, tornando al mio posto,

la stringevo a me,

con tenerezza.

Tu senza sorrisi,

continuavi quell' assurdo gioco,

per molto tempo,

prima di dedicarti ad altro.

Perché?

Forse che eri già da allora,

 quella che sarei diventata un domani?

LA MORTE

Ciao Morte,

io che ho sempre odiato esseri, scarni,

vecchi dagli occhi ormai vuoti,

con tubi, aghi attaccati alla carne,

io che ho sempre detto che non avrei mai
permesso questo,

a un mio famigliare,

mi ritrovo mio malgrado a vedere con i
miei occhi,

l'odio mio avverarsi.

Quindi ti chiedo, cara morte,

non più oscura e paurosa morte,

 vieni,

vola sul nostro tetto,

entra nella nostra casa,

 entra dalla porta d'ingresso

come un invitato,

... in fretta.

Soffermati e guarda anche tu...

Dai ascolto al pianto di un uomo che non
si riconosce più,

al pianto di un uomo, stanco di vedersi,
così,

così, nonostante tutto,

 forte da ricacciare a malapena le sue
lacrime,

con il solo sfogo detto sottovoce, a volte
gridato...

"Non ce la faccio più".

Accompagnalo ti prego,

nel mondo del buio,

del silenzio…

nel mondo della pace.

SEDATA

Mi ha detto:

"Io per essere sicura.

Dovrei tenerla costantemente

Sedata.

Ma le farei vivere, una vita,

 senza avere una vita."

"Allora scelgo, valuto,

se necessario,

cambio terapia. "

"La meno invasiva. "

Io capii, "Me lo disse quando mi
conobbe, "

e mi rendo conto ora che

 sto sentendo dentro di me,

 ormai,

gli effetti,

di ogni preparato,

 addirittura…

 cambiano anche le mie poesie.

Più mi sedano, e meno le sento…

Io che ormai so riconoscere, le avvis-
aglie,

Non vorrei,

che me le portassero via,

dalla mia mente,

dalla mia carne,

recettore assieme ad essa,

di vibrazioni aleggianti nella mia essenza,

per sempre.

No,

questo non lo accetterei mai.

Io non voglio vivere nel grigio,

il grigio è nebbia,

fitta nebbia,

dalla quale non si vede niente.

Io sono il bianco o il nero.

Ombre e luci.

Non più distanti fra loro,

ma vicine, senza però confondersi mai
fra di loro.

Il grigio, mi eguaglierebbe agli altri,

ed io non voglio,

ora che so, chi sono,

ora che ho la mia identità,

finalmente,

non voglio perdermi più nell' incoscien-
za.

Da qui vedo tutto.

Da qui racconto.

Da qui vivo,

e poco importa, se soffro,

se sono coperta di ferite,

la sofferenza mi rende partecipe attiva,
della vita,

nel bene e nel male,

 di quello che mi accade intorno.

Questa è la mia vita.

Il grigio,

 è il nulla,

è tutto strettamente, compresso,

 sullo stesso piano,

 tutto lineare,

 tutto, senza emozioni.

Le sue sfumature, sono falsi indizi, di
una illogica realtà,

controproducente verità acquisita.

Accetto,

solo,

nella mia consapevolezza,

aiuti, strettamente,

necessari,

per la mia incolumità.

IL PERDONO

Come si fa a perdonare, quando il rimedio non esiste.

Come si fa a dimenticare, quando la memoria affiora,

 ormai senza freni.

Scegliere…

Continuare così…

o togliere dalla mia vista quel peso che ogni giorno vedendoti,

 mi fai cadere addosso,

 le tue assurde, e meschine

considerazioni.

SENZA ACCORGEMENE

Senza accorgermene,

scrivo,

 non soltanto le emozioni che provo,

ma,

inconsapevolmente,

frasi, e parole a me sconosciute.

Emergono all' improvviso…

frutto non della mia sensibilità,

ma,

da una invisibile sequenza da me non
creata.

SOLA

Non ho paura di rimanere sola,

c'è tanta pace, tranquillità.

La solitudine, è un concentrato di Universo,

ed io ne apprezzerò, finalmente,

ogni singolo attimo.

Verrà quel giorno, in cui…

te ne andrai,

ma sono preparata.

Odio, l'ipocrisia,

 amo la sincerità, la trasparenza,

L' intelligenza.

IL DIVANO ROSSO

Tu mi accogli sorridendo,

entriamo nella stanzetta,

ed io mi siedo sul divanetto di colore
rosso.

Parola di rito "Come andiamo… "

Parliamo,

 mi chiedi,

rispondo.

Impassibile ad ogni mia esternazione,

qualche volta,

sorridi appena.

Nella tua testa elabori, i miei contenuti.

Ti congratuli con me, per i miei progressi
personali,

che io non vedo,

se non dovuti ai medicinali,

che mi calmano quando dovuto.

Tu mi dici che sono io, che è la mia
volontà,

a farmi agire, e reagire,

io ci credo ancora poco…

ho la presunzione,

per ora,

di fidarmi solo di me stessa.

92

TRACCE

Tracce,

 orme fantasma, di piedi nudi sulla sabbia.

 Portami via, Mare,

porta le mie tracce lontano, portale dove tutto inizia

e tutto finisce,

levami la sabbia tra le dita, in modo che io possa camminare

 verso te,

liberamente,

senza fastidi.

Portami lontano dai rumori, dalla gente, da me stessa.

Portami nel dolce dondolio delle tue onde,

bagna i miei capelli, che come fili, si allargano,

sul tuo manto luccicante al sole,

fammi sorridere, fammi rabbrividire.

Lasciane solo una, di impronta,

una sola,

lascia solo il mio libro di poesie,

sulla riva, ad asciugarsi.

94

www.ingramcontent.com/pod-product-compliance
Lightning Source LLC
Chambersburg PA
CBHW070137260726
48658CB00001B/467